EIGENTLICH WOLLTE ICH
DIE WELT RETTEN,
aber es regnet.

AF217170

KENNST DU DAS,

WENN DU AUF DEM SOFA LIEGST UND GANZ PLÖTZLICH FÄLLT DIR EINE TAFEL SCHOKOLADE IN DEN MUND?

Muss dringend einkaufen.

HAB NUR NOCH
LICHT
IM
KÜHLSCHRANK.

WENN DER POLIZIST SAGT
»Papiere«
UND ICH SAG
»Schere«,
HAB ICH DANN GEWONNEN?

Nun ist die Zeit gekommen,

SCHREIEND
IM
DREIECK
ZU SPRINGEN.

VERMUTLICH

BIN ICH IMMER SO MÜDE,

WEIL SO VIELE **TALENTE** IN MIR SCHLUMMERN.

Sport
ist für mich wie
eine Droge.
Und ich sage
NEIN zu Drogen!

SONNTAGSREGEL:

WENN DU ES VON DER COUCH AUS NICHT ERREICHEN KANNST, brauchst du es nicht.

Ich habe
jeden Tag
Ostern.
Ich suche IMMER
irgendwas.

Regelmäßig
zu spät zu kommen
ist auch eine Art
von Zuverlässigkeit.

MIT NUR 12% AKKU
AUS DEM HAUS GEHEN.
MAN MUSS
AUCH MAL WAS
RISKIEREN
IM LEBEN.

LASS MICH IN DEIN LEBEN.

Ich bring Chaos

UND

Kekse mit.

ICH ESSE NUTELLA MIT DEM LÖFFEL.

Weil Brot macht dick.

Willkommen

in der

Realität.

Darf ich DICH ein WENIG herumführen?

KONTO LEER. TANK LEER.

ABER MEINE NEUE JACKE IST COOL. ERWACHSENSEIN ist so einfach!

MANCHE LEUTE REAGIEREN VERWIRRT, WENN EIN SATZ NICHT SO ENDET, WIE SIE ES
Kartoffelsalat.

Ich kann
jetzt nur
vermuten,
was ich damit
MEINE!

NACH EINEM
BLICK IN DEN SPIEGEL
HABE ICH
BESCHLOSSEN, HEUTE

AUF DIE
INNEREN WERTE
ZU SETZEN.

Ich bin nicht

VERWIRRT,

ICH SORTIERE

MEINE GEDANKEN NUR

ANDERS.

ICH LIEBE AUSGEDEHNTE

SPAZIERGÄNGE AM SONNTAG: BETT, BAD, KÜCHE, KÜHLSCHRANK, SOFA ... *und das Wetter spielt immer mit!*

ICH LASSE MICH ZUM
PANDABÄREN UMSCHULEN.
WENN ICH FAUL RUMLIEGE
UND IMMER DICKER WERDE,

FINDEN MICH
TROTZDEM
ALLE NIEDLICH.

Mein Schlafzimmer sieht aus,

ALS HÄTTE MEIN KLEIDERSCHRANK

GENIEST.

WENN FAULHEIT EINE

Olympische Disziplin

WÄRE, WÄRE ICH VIERTER,

DAMIT ICH NICHT AUFS

Podest steigen muss.

DAS TOLLE AM HOLZWEG IST,

MAN KANN ZU JEDER ZEIT EIN neues Brett für den Kopf mitnehmen.

Ich bin so

unentschlossen.

Als
JAPANISCHER
KRIEGER
wäre ich ein
NUNJA...

WENN MAN MIR FRÜH GENUG BESCHEID GIBT,
BIN ICH SEHR SPONTAN.

Das ist die

dümmste Idee,

die ich jemals gehört habe. **WANN GEHT'S LOS?**

DA WILL MAN
LOCKER FLOCKIG
IN DEN TAG STARTEN...
UND DIE MILCH HATTE DIE GLEICHE IDEE!

Wer bin ich

UND WARUM SO FRÜH?

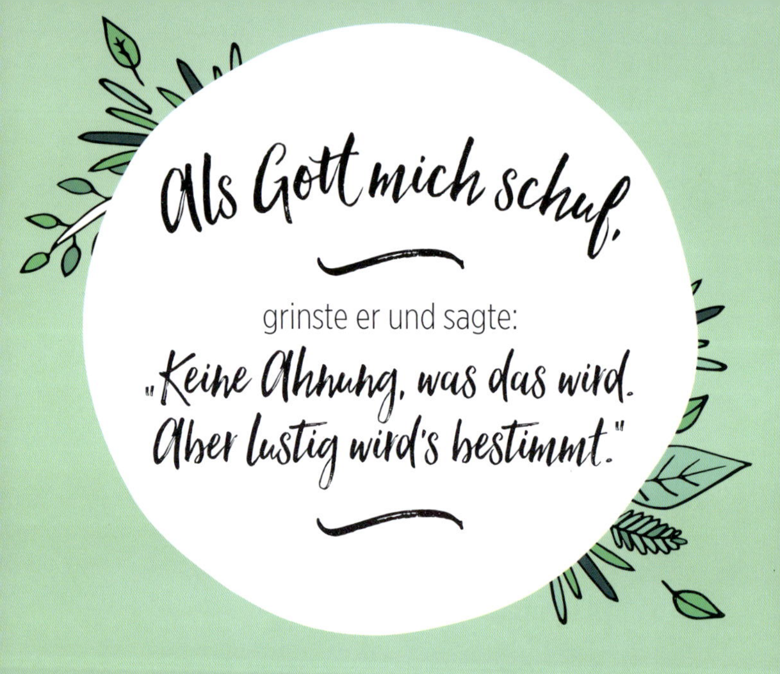

Als Gott mich schuf,
grinste er und sagte:
„Keine Ahnung, was das wird.
Aber lustig wird's bestimmt."

MANCHMAL
FRAGE ICH MICH,
WAS AUS
DEN LEUTEN WURDE,
DIE MICH NACH
DEM WEG
GEFRAGT HABEN.

Ich könnte
gerade alles
KURZ und KLEIN
SCHLAFEN.

Eins muss ich

MEINER MÜDIGKEIT JA LASSEN:

KONDITION

hat sie.

DIE KÜCHE SIEHT AUS
WIE SAU!

HAB DAS LICHT

AUSGEMACHT.
Jetzt geht's.

AUF MEINEM

Staubsauger

LIEGT STAUB.

UND JETZT BIN ICH

überfordert.

Meine Motivation
und ich haben
Beziehungsprobleme.

Momentan
leben wir
GETRENNT.

FRÜHER HATTE ICH
Elan.
HEUTE HABE ICH
Wlan.
IST AUCH OKAY!

ICH FÜHLE MICH HEUTE
STARK WIE
EIN LÖWE.

EIN KLEINER ...
AUS PLÜSCH.

DU HAST ZU VIEL >>>» STRESS! «<<< DU SOLLTEST EINE SACHE AM TAG WEGLASSEN! –

Aufstehen?

DIE DREI GRÖSSTEN FEINDE EINES
Morgenmuffels
SIND:
Tageslicht, Frischluft
UND DAS UNERTRÄGLICHE
GEBRÜLL DER VÖGEL!

MEIN BETT UND ICH
LIEBEN UNS ÜBER ALLES.

ABER DER WECKER
will das einfach
nicht verstehen.

Ich liebe es,

wenn der
Wahnsinn
die Kontrolle übernimmt
und lachend an der Vernunft
vorbeirauscht.

Kindisch? Ich?

Pass auf, sonst fahre ich dich

noch mit meinem BOBBYCAR um!

ICH WÄRE GERNE DIE,

DIE VOR DEM FRÜHSTÜCK
SCHON YOGA MACHT ODER
JOGGT. ABER ICH BIN DIE,
die halb bewusstlos
Kaffee macht und atmet.

HAB NACH DEM SINN DES LEBENS GESUCHT UND IN DER KÜCHE SCHOKOLADE GEFUNDEN - HATTE MIR DIE ANTWORT
IRGENDWIE SPANNENDER VORGESTELLT.

Schrittzähler

urteilen nicht. Für sie sind
Schritte zur Schokolade
genauso wertvoll wie zum
Fitnessstudio.
Das ist schön.

sollte kein Sofa sein.

FAUSTREGEL NR. 1:

WENN ETWAS
UNTERS BETT
FÄLLT, IST ES
WEG. *Für immer.*

NICHTS IST VERLOREN.
AUßER DEINE MUTTER
WEIß AUCH NICHT,
WO ES IST.
DANN IST ES WEG.
FÜR IMMER.

Alles

MUSS MAN

SELBER

MACHEN

LASSEN!

Wir von GROH wollen die Welt
ein bisschen verschönern – mit liebevollen
Geschenken, die glücklich machen.

GROH.DE

@die_geschenkverlage

Besuchen Sie uns im Internet: www.groh.de

Eigentlich wollte ich die Welt retten, aber es regnet.
© 2020 Groh Verlag. Ein Imprint der Verlagsgruppe Droemer Knaur GmbH & Co. KG
Landsberger Straße 346, 80687 München

Layout: Moni Griebl
Satz: Petra Schmidt Grafik Design

Gesamtherstellung: Printfactory, Istanbul

ISBN 978-3-8485-2487-7

Kontaktadresse nach EU-Produktsicherheitsverordnung:
produktsicherheit@droemer-knaur.de

13 12 11 10